LAS MEMORIAS DE MIS SUEÑOS

MÁS ALLÁ DE MIS RAÍCES

Amansia Campos Jones.

Las Memorias De Mis Sueños: Más Allá De Mis Raíces.

Copyright © 2022 Escritores

Generación Literaria 2022

Amansia Campos Jones

www.amansiac.com

ISBN: 9798829400293

Todos los derechos reservados.

Amansia Campos Jones – www.amanciac.com

Las Memorias De Mis Sueños: Más Allá De Mis Raíces.

INTRODUCCION

Me siento muy orgullosa de mi nacionalidad, cultura y valores. Pero sobre todo del significado que le he dado a mis antepasados, mi origen y raíces. Siendo este sentir lo que me ha motivado a escribir este libro con una gran pasión y deseo de transmitir a todos mis lectores mucho de lo que podemos lograr cuando tomamos la decisión de cambiar lo que no necesitamos o nos hace daño y construir lo que nos hace falta para sentirnos realizados, poder procurarnos una mejor vida, fortalecer la convivencia familiar y contribuir al bien común.

Panamá Puente Del Mundo Corazón Del Universo: ante el mundo no solo por un Canal Interoceánico sino también por unir dos grandes océanos como lo son el Pacífico y Atlántico.

Las Memorias De Mis Sueños Mas Allá De Mis Raíces es una historia real con eventos y sucesos desde que llegaron inmigrantes Afroantillanos a trabajar en las construcciones del ferrocarril y el Canal de Panamá. Siendo esa época la que da origen a la trayectoria de nuestros antepasados y verdaderas raíces de la raza negra a la cual pertenezco.

Les describiré en una forma sencilla, interesante y amena como fue mi infancia en cada una de sus etapas, la adolescencia y como influyo las vivencias de mi madre: desde su niñez, crecimiento y edad adulta en mi personalidad, los sueños, metas y decisiones desde muy niña hasta convertirme en adulta.

Como aprendí a convertir las Debilidades en Fortalezas y a su vez las Amenazas en Oportunidades.

Las Memorias De Mis Sueños: Más Allá De Mis Raíces.

Todo ocurre en tantos escenarios y lugares, pero en particular les describiré en su momento mi favorito lleno de ensueño, bondades y belleza natural: Santa Isabel un pequeño pueblo bañado por el Mar Caribe en la provincia de Colón, en mi hermoso Panamá.

Amansia Campos Jones – www.amansiac.com

LA AUTORA
AMANSIA CAMPOS JONES.

Nació el 29 de octubre de 1960, en la república de Panamá. Su origen en una familia humilde disfuncional, es la segunda de seis hermanos. Hija de padres panameños de cultura y raíces distintas por la influencia de la diversidad de razas una de las características de su país desde tiempos muy históricos de la conquista, colonización e independencia.

Durante su infancia no contó con un hogar estable por los constantes cambios de familiares quienes colaboraron en su atención y cuidados. Donde situaciones como estas pudieron haber marcado un camino de dificultades y afectaciones psicológicas y emocionales por mencionar algunas.

Por el contrario, en lugar de tener ideas limitantes mientras crecía desarrollo mucha motivación para estudiar en un colegio, pero también auto educándose preparando un futuro autónomo, pero consiente y profesional. el cual declaro desde muy niña a su madre. Sus anhelos siempre fueron dar atención a las personas enfermas y curarlas sin estar definida para ese entonces si se refería a ser médico o enfermera.

Inicio sus estudios a la edad de 7 años 5 meses en su primer grado de primaria en la escuela del pueblo de sus bisabuelos, abuelos, tíos y de su madre. Luego de estudiar durante 3 años en: la escuela Simón Salazar en Santa Isabel, continuó en otro centro educativo en la de la ciudad de Panamá donde completa los estudios primarios.

Inició y finalizó estudios de educación secundaria completa en el Instituto Dr. Alfredo Cantón. Obteniendo el título de Bachiller en Ciencias con excelentes calificaciones y buenas recomendaciones de su comportamiento durante los 6 años que duró sus estudios secundarios.

Posterior a la graduación ingresa a la facultad de enfermería en la Universidad de Panamá: obteniendo el título de Licenciada en Ciencias de la enfermería.

Profesión que ejerció con responsabilidad, amor y vocación hasta llegado su retiro en el 2019. Pero con gran satisfacción de sus logros profesionales y otras especialidades y maestrías que obtuvo por su firme propósito de desarrollo personal y profesional.

Como madre dedicó su vida al cuidado, crianza en valores y amor a sus tres hijos que han sido su mayor bendición como siempre lo ha manifestado sintiéndose realizada dándole gracias a Dios.

Muy emocionada, dispuesta y comprometida con sus sueños y metas. Decide ser escritora no solo de un libro que describe parte de su vida: LAS MEMORIAS DE MIS SUEÑOS. MÁS ALLÁ DE MIS RAÍCES. Continua su desarrollo humano, crecimiento personal, profesional como enfermera Mentora y escritora a partir de este momento. Dando el inicio a un nuevo emprendimiento que forma parte de su plan de vida, satisfacción personal como mujer, ser humano, madre y profesional.

LAS MEMORIAS DE MIS SUEÑOS

MÁS ALLÁ DE MIS RAÍCES.

Amansia Campos Jones

Amansia Campos Jones – www.amansiac.com

INDICE

TITULO I
ISBN Y DERECHO RESERVADO................... II
FIRMA DEL AUTOR................................... III
....IV
INTRODUCCIÓN.....................................V-VI
LA AUTORA..VII-IX
PRESENTACIÓN DEL TITULO.........................1
INDICE..2

DEDICATORIA...4

FOTOGRAFIA DE LA AUTORA........................5

CONTACTOS...6

CODIGO QR MIS MOMENTOS........................7

CAPITULO 1..9

CAPITULO 2..28
CAPITULO 3..47

CAPITULO 4..68

QR OLA-OLA EN MI LIBRO...........................90

Las Memorias De mis Sueños: Más Allá De Mis Raíces.

DEDICATORIA

Las Memorias De Mis Sueños. Más Allá De Mis Raíces. Lo dedico a ti madre: Celinda, con todo mi amor y respeto. Gracias por darme el ser, el porqué de mi origen y la oportunidad de conocer sobre mis raíces.

A mis hijos: Marlleisy Itzel, Eduardo Enrique y Guillermo Antonio: por darme la dicha de compartir nuestras vidas en todo momento, por creer en mi incondicionalmente y de mis capacidades para lograr todo lo que me he propuesto en la vida. Acompañarme y apoyarme siempre a pesar de cualquier circunstancia, momento y lugar.

Con mucho amor y ternura a mis nietos: José, Guillermo, Abrahán, Luna y Antonella por su colaboración, paciencia, entusiasmo y ternura que me han demostrado cada momento: en que he dedicado mi tiempo a la elaboración de este gran sueño el cual considero una adquisición familiar, con mucho valor humano que forma parte de nuestras raíces y nuestro presente. Que con la gracia de Dios sea extensivo a el futuro de ustedes mis Amores.

Agradezco la guía y enseñanza recibida del profesor Francisco Navarro Lara, un verdadero mentor, excelente ser humano y amigo. Quien me acompaño hasta lograr hacer realidad este sueño de tantos años, convertido en realidad.

Las Memorias De Mis Sueños: Más Allá de Mis Raíces.

Autora: Amansia Campos Jones.

missamansia@gmail.com

amansiacampos@hotmail.com

Facebook

https://m.facebook.com

Amansia Campos

Instagram

https://www.instagram.com/amansia1986escorpio/

TWITTER

Twitter.com/missamansia

https://www.amansiac.com

AMAZON

https://www.amazon.com/author/amansia.29-campos.j

LANDING PAGE

https://linktr.ee/soy.amazona2026

Las Memorias De Mis Sueños: Más Allá De Mis Raíces.

Mis Momentos

Amansia Campos Jones – www.amansiac.com

Las Memorias De Mis Sueños: Más Allá De Mis Raíces.

CAPITULO 1

MIS MEMORIAS

Las memorias de mis sueños más allá de mis raíces: me convierte en la protagonista principal de mi libro, al hacer mi relato de tantos acontecimientos y vivencias desde mi infancia, adolescencia y cada etapa del crecimiento personal y proyecto de vida que me tracé hasta mi actualidad.

Mi origen y raíces provienen de una mezcla de genes de mis padres Efraín y mi madre Celinda que a su vez en sus orígenes tienen mucho que ver con la biodiversidad de raza multiculturales característico de mi hermoso país Panamá.

Mi nacimiento se da un 29 de octubre de 1960, en una madrugada lluviosa donde mi madre realmente se sentía preparada para ese acontecimiento puesto que

ya había tenido un parto anterior, siendo el mío el segundo.

Mi padre mayor de edad que seduce a mi madre, siendo aún una adolescente. El con estudios secundarios completos y ella apenas sin terminar el sexto grado de primaria.

Sus amoríos los lleva a ocultarse de mi abuela María, madre de mi padre y de mi Abuelo Guillermo padre de crianza de mi madre, quienes formaron una familia cada uno con hijos propios, establecen su hogar criándoles como si fueran hijos de ambos.

El tiempo sigue su curso y lo que ambos sentían el uno por el otro siguió tomando fuerza hasta que mi madre y mi padre decidieron escapar de casa para vivir su amor. Fue entonces que al ser descubierta esta situación mis abuelos sintieron mucha consternación y ambos decidieron mantenerlos a distancia por el dolor que les causo la falta de confianza y sentido de responsabilidad de ambos hacia la familia.

Fue entonces cuando al poco tiempo mi madre descubre estar embarazada con tan solo 14 años y sin ningún tipo de seguridad económica por parte de mi padre, quien a pesar de tener 22 años de edad era irresponsable y carente del respeto y consideración hacia ella misma como mujer que seguía siendo una niña. Y que luego de llevársela a vivir con él no cubría sus necesidades de alimentación, dejándola sola en la habitación que rentó al sacarla de la casa paterna.

Teniendo un embarazo difícil por las carencias económicas, de alimentación, desamor y maltrato por parte de mi padre según me dio a entender mi madre desde que tengo uso de razón.

Naciendo mi hermana mayor de esta relación de pareja tan desigual y con tan solo siete meses de gestación mi madre la trae al mundo (prematura, bajo peso, con afectación cardiaca y posibilidades de problemas auditivos) a consecuencia de sufrir Rubiola en su primer trimestre de embarazo. Siendo estas las complicaciones más comunes para él beben en caso de llega a afectarle, porque solo Dios podía saber qué ocurriría al final.

No es difícil imaginar lo complicado de la vida de mi madre con toda esta situación, además de la falta de apoyo emocional de la familia que seguían distante de ayudarle. Pero no dejó de hacer todo lo que lo médicos y enfermeras recomendaron para el cuidado y seguimiento de mi hermana.

Viendo mis abuelos su actitud de lucha y rol de madre deciden apoyarle y se la llevan a casa con ellos. Mi padre igual es recibido con condiciones y deberes por cumplir cosa que no ocurrió. Ya que el no sentía compromiso ni responsabilidad con mi madre ni con su hija.

Mi madre aún enamorada a pesar de sus desilusiones, se mantiene en esa relación con mi padre después del nacimiento de mi hermana y sin ningún tipo de cuidados preventivos o de planificación, quedando nuevamente embarazada dándome a luz 10 meses después que nació mi hermana mayor.

Yo, como la segunda de sus hijas solo recibí su apellido ya que nuestra mantención salía del bolsillo de mis abuelos y las pocas ganancias diarias de mi madre haciendo trabajos domésticos para algunas personas que procuraron siempre ayudarla, llevándole ropa para lavar y planchar desde casa y así nos cuidaba.

Las Memorias De Mis Sueños: Más Allá De Mis Raíces.

Gracia a Dios siempre fui robusta desde mi nacimiento, nací de nueve meses, sana, activa y producto de un embarazo mejor atendido: cuidado con algo más de experiencia de mi madre y la ayuda de mis abuelos.

Mi madre decide bautizarme con el nombre de mi difunta abuela, Amansia ya que a sus cinco años quedo huérfana. Mi padre se opuso, pero no pudo evitar que así me registraran legalmente.

Poco tiempo después aun siendo adolescente mi madre presenta un tercer embarazo en la relación con mi padre, dando a luz a mi hermanito quien solo vivió siete meses luego de su nacimiento; a raíz de la desnutrición intrauterina y constantes gastroenteritis. Situación según mi madre nos mencionó algunas veces tuvo origen en la mala alimentación y situaciones de maltrato en la convivencia con mi padre llena de disgustos, sufrimientos morales y sociales que experimentó por ser madre adolescente.

Ella fue desde su nacimiento marcada por una realidad muy desafortunada, un ser que no contó con los cuidados de su padre biológico ya que falleció en la segunda guerra mundial en Vietnam. No pudo verla al nacer, quedando privada del apoyo económico para su mantención debido a la total perdida del contacto de mi abuela Amansia con él una vez lo enviaron a combatir.

Mi abuelo Joseph, no tuvo oportunidad de hacer los vínculos necesarios con su familia en Florida y mi difunta abuela. Siendo por un amigo y compañero de combate que mi abuela pudo enterarse muchos meses después que mi madre nació, la triste historia de la muerte del hombre que le juró amor eterno y compartir su vida con ella por el gran amor e ilusión que sentían uno por el otro.

Ella sin imaginar siquiera que esa promesa se esfumaría meses después de partir y tendría que recibir el nacimiento de mi madre sola, sin su compañía, su amor ni su apoyo. Que por el contrario tuvo que criarla como madre y padre con tan solo el apoyo de mi bis abuela Pabla.

Mujer soltera, trabajadora de muy noble corazón y que solo pudo tener una hija; que fue mi abuelita Amansia. no contaba con mucho económicamente, pero su amor inmenso por mi abuelita le dio la fuerza para no dejarla luchar sola con su recién nacida, su primera nieta que amo tanto toda su vida.

Cada una de las anécdotas de mi madre en la convivencia con mi padre y las múltiples dificultades que vivió a lo largo de esa relación, fueron quedando grabadas en mi memoria a medida que la escuchaba, para mi madre creo que fue liberarse de cargas ante mis hermanas y yo que la escuchamos muchas veces. Mi infancia en algunos aspectos fue como la de la gran mayoría de los niños sin malicia, alegre muchas veces, distraídos de los asuntos de los mayores y conformes con lo que se recibe sin mayores exigencias. Pero la memoria en la infancia tiene toda su capacidad de guardar tanta información aun sin darse cuenta o imaginarlo.

Es la etapa de tantos sueños sin formas, muchas veces difíciles de entender o de recordar, otros de fantasías como también de realidades que no queremos enfrentar, pero la realidad nadie puede cambiarla: es la memoria de mis sueños y solo a mí me pertenece.

Pasan los años y mi madre creciendo en el pueblo donde se desarrolló cada una de las generaciones que dieron origen a nuestra familia materna. Inmigrantes, afroantillanos de evidentes rasgos de la raza negra incluyendo su lenguaje, costumbres, cultura y tradiciones. Sus comidas y bailes han sido mi mayor disfrute al seguirlas atreves del tiempo y la historia familiar. A pesar de no haber nacido en nuestro querido pueblo de Santa Isabel en la costa arriba de la provincia de Colón en mi bello país.

Nuestras raíces, han sido de mucha influencia en valores universales, humanístico, social, crecimiento cultural y desarrollo geográfico desde épocas de la colonia. Acentuándose más con la construcción del ferrocarril y posteriormente la construcción de nuestro Canal Interoceánico uniendo dos mares: el mar Pacífico con el mar Caribe para beneficio del mundo entero y de este hecho nació la consigna Panamá puente del mundo corazón del universo.

Fue la época más feliz de mi madre como siempre lo recordó y quedando grabada en su memoria con un sello imposible de borrar. Disfrutando tanto y a plenitud la hermosa costa caribeña bañada por el mar Caribe, su brisa marina que se combinaba con las palmeras produciendo enamoradores susurros que la cautivaron, los rayos del sol en el día y en la noche con el sereno y la humedad que salían del mar en esas noches de sueños cautivadores.

Así también se deleitaba en el río con sus diarios baños y que muchas veces repetía al día dejándose cautivar una y otra vez por ese imponente recurso natural que atraviesa nuestro pueblo de Santa Isabel, desembocando majestuosamente en el mar caribe justo a un lado del pueblo. Un verdadero ensueño de donde nadie quiere irse ni dejar de visitar luego de disfrutar toda esa naturaleza virginal que también ofrecía.

Con su gran variedad de alimentos procedentes del mar que tanto gusta al paladar, más cuando su ingrediente principal tradicional para su preparación siempre fue y será el coco: producto de los cocales extensos, cultivado por su gente y fuente principal de ingreso económico de la población.

Pero, así como fui testigo directo o circunstancial de las tristezas de mi madre, también pude disfrutar de cada una de las vivencias de alegría y satisfacción que me compartía de su gente, sus antepasados y costumbres.

Amansia Campos Jones – www.amansiac.com

Fui desarrollando tanto apego a todo lo que tratara de mis familiares por parte de madre, que fue muy importante para mí conocer cada detalle estimulando mi amor por mis raíces y mi fiel memoria dando rienda suelta a mis sueños de niña.

Años después ya mi madre quizás con unos tres años de edad recibe una figura paterna en su crianza, cuando su mamá conoce a Augusto Guillermo: un caballero ecuatoriano que llegó a nuestro país caminando por la cordillera, litorales y demás relieves hasta decidir establecerse como indocumentado, pero con la fiel convicción de legalizar su permanencia en nuestro país.

Desde su llegada mostró mucho respeto, sentido común en lo que hacía y decía, la consideración hacia los demás y la sencillez en el trato fue su mejor carta de presentación. Logré conocerle y doy gracias a Dios por ello porque realmente me enseñó muchos valores y principios que me ayudaron desde mi infancia hasta hoy como persona educada, correcta, con principios y fuertes convicciones de lo que debe ser el ser humano para conducirse en la vida.

Fue un hombre que solo pudo estudiar hasta segundo grado de primaria en su país, casi nada en estos tiempos, pero al salir de su casa a sus diez años conoció muchas personas, aprendió a ganarse la vida con su trabajo y se acostumbró a leer mucho, todo lo que a sus manos llegara.

Es entonces cuando mi abuela Amansia y él se enamoran, deciden unir sus vidas, conociendo que ya mi abuela tenía una hija, mi madre; él se ofreció a ser como su verdadero padre, cuidarla, amarla y criarla de la mejor manera posible.

Su convivencia fue buena aprendieron a amarse y respetarse, trabajando los dos de lo que encontraban, se establecieron en la misma ciudad de Colón llevando con ellos a mi madre. Fue entonces cuando la nostalgia los invadió a todos por separarse de mi bis abuela, mamá de mi abuelita Amansia.

Quien se quedó nuevamente sola en su casa y dedicada a su finca de coco, la pesca para su alimentación, el cultivo de arroz en su sociedad de mujeres organizadas del pueblo con la finalidad de adquirir algún dinero.

Amansia Campos Jones – www.amansiac.com

Un año después de su unión mis abuelos lograron tener su primer hijo, fue un gran acontecimiento para ellos por ser el primer hijo de Guillermo y el primer hijo varón de mi abuela. Para mi madre también fue muy bueno porque ya tenía hermanito y no estaría sola. Todo fue marchando muy bien y prosperando en una bonita relación basada en el amor y el bien común.

Augusto Guillermo mi primer tío y como le nombraron al nacer recibió el mismo nombre de su padre, su nacimiento fue sin problemas igual que su crecimiento. Mientras tanto mi madre nunca dejó de sentir que tenía un padre porque así la siguió cuidando y criando olvidando que por sus venas no corría la misma sangre pero que para el ella siempre sería su hija.

El siguiente año mi abuela presentó otro embarazo el cual los colmó de alegría y mayor esperanza. Nueve meses después nace mi otro tío a quien llamarón Pedro Orlando. Mi abuelita muy regocijada con sus tres hijos: Celinda de 5 años, Guillermo Augusto de 2 años y Pedro Orlando recién nacido, sano fuerte y bien cuidados cada uno.

La bendición de Dios permanecía entre ellos, todo era perfecto. La abuelita Pabla conoció y atendió en su momento a su hija con los partos y los primeros meses apoyo en la atención de los niños.

Mis abuelos continuaron en su hogar criando a sus hijos como un matrimonio ejemplar y próspero. Llegó el momento de hacer planes para que mi madre iniciara sus estudios primarios el siguiente año, ya cumpliría los 6 años.

Deseando poder darle la mejor educación se preparaban para matricularla en un buen colegio que pudieran costear, aun los varoncitos demorarían un poco más para eso así que se les facilitaría cumplir ese sueño con mi madre sin tanto aprieto.

Todo estaba perfectamente planificado al pasar los meses, con cada detalle en sus planes sin restarle importancia a ninguno y lo principal la buena y constante comunicación entre ellos como pareja.

Siendo un gran ejemplo de armonía, comunicación, compromiso, responsabilidad, deseo de superación y crecimiento personal para ellos y su desendencias.

Amansia Campos Jones – www.amansia.com

El amor y la felicidad no son perfectas ni para siempre, por ello cuesta tanto encontrarles, cuidarlo y más aún mantenerlos. Pero vale la pena y si nos toca vivirlo

hagámoslo con todas las fuerzas de nuestro corazón y entrega total. Ya que sabemos cuándo llega, pero no avisa cuando se va o termina por una adversidad o una mala jugada de la vida.

Exactamente fue lo que ocurrió en la vida de mi abuela Amansia, justo vivía feliz disfrutaba ser amada por su compañero y sus tres hijos que crecían en un hogar bien formado y lleno de amor cuando se presenta la fatalidad de una enfermedad que le roba la vida.

Dejando solo a su esposo y a sus niños pequeños: mi madre de casi 6 años, mis tíos de 3 y 1 año de edad que con su inocencia les toco llorar su partida sin entender que les había sucedido como familia y menos podían entender por qué (mamá) ya no estaba con ellos.

Lo fácil y perfecto muchas veces no logran llenar nuestra vida, son efímeros, volátiles y poco confiables pueden ser engañosos, de alguna manera analizo y relaciono esto con la relación de mi abuelita y mi difunto abuelo

Joseph, quien solo una carta dijo lo que le ocurrió, pero nunca se recibió información ni siquiera de su familia en Estados Unidos y todo quedó como en el aire.

Cada uno de los episodios en la vida adulta de mi abuela y su vida tan corta de solo 26 años cuando murió, causaron un gran sufrimiento a su madre Pabla, quien pensó no poder soportar que su única hija llegara a tener tantos infortunios en su corta vida; primero al ser desatendida por su padre en su infancia, perder a su primer amor justo cuando se encontraba embarazada e ilusionada con los planes que tenían y por ultimo perder la felicidad con mi abuelo Guillermo y sus tres hijos justo cuando todos los proyectos de vida posibles los esperaban como familia.

Es el momento de mi abuelo Guillermo para reinventar una nueva vida por sus hijos, no sucumbir ante su dolor y darle la mejor actitud a la vida con la fuerza del todo poderoso y su suegra. Quien se encargaría de atender a mi abuela en cama sin esperanza por los médicos y cuidar sus nietos a quien no desampararía.

Así lograron unir fuerzas haciendo un equipo y deciden que tanto mi madre y sus hermanitos quedaran a cargo de mi bis abuela, llevándolos a vivir a su pueblo Santa

Isabel donde los seguiría cuidando mientras su papá permanecería en la ciudad de Colón trabajando para poder asegurarles su mantención y la educación.

Pueblo que mi madre disfruto tanto en sus primeros 3 años de vida y que en esta ocasión solo era una continuidad desde que enfermo su madre y necesito los cuidados de mi bis abuela ya que mi abuelo Guillermo necesitaba seguir laborando para sostener a la familia y los medicamentos que su esposa necesitaba diariamente por su enfermedad.

Mis tíos siendo más pequeños se adaptaron muy bien aun cuando no nacieron en Santa Isabel, fue ventajoso por las circunstancias del cambio que mi madre ya tuviera más de 5 años y podía jugar con ellos entretenerlos mientras tanto. Así la abuelita podía dedicarse un poco más a los quehaceres de la casa y atender a su hija quien postrada en cama por la enfermedad demandaba mucha atención.

Mi bis abuela procuraba mantener inviolable el aislamiento estricto de mi abuela Amansia con respecto a los niños para evitar y prevenir el contagio. Ya que se trataba de tuberculosis pulmonar una enfermedad muy agresiva.

Progresando día con día el desmejoramiento que solo pudo soportar por casi un año. Y en todo ese tiempo sus niños crecían cerca, en la misma casa, pero sin dejarlos entrar a su habitación, ni tan solo ver su rostro para evitar que sus cambios físicos causados por la devastadora enfermedad les causara algún tipo de trauma psicológico.

Mi madre me llegó a contar al igual que mi bis abuela que en forma de travesura de niña ella se escurría cada vez que podía a escondidas y entraba a la habitación de su madre para verla. Pero una vez era descubierta la propia madre la gritaba y regañaba fuertemente para que saliera y no regresara más.

Parece cruel, pero ese fue su forma de evitar que los niños asustados no intentaran entrar a ese lugar donde con solo entrar ella temía que sus niños se enfermaran. Enfermedad muy difícil de vencer en aquella época, le hablo de la década de los cuarenta cuando la tuberculosis pulmonar no perdonaba a nadie, era implacable y con una gran estela obscura sobre quienes la llegaban a padecer, debido a la marginación y estigmas que la gran mayoría de la población aplicaba a estos enfermos y a sus familiares y cuidadores.

Llegado el momento del desenlace de esta delicada y triste situación desde el punto de vista de la enfermedad y sus avances sin oportunidad de curación con la muerte de mi abuela Amansia. Paralela a esto queda una familia desolada por la pérdida irreparable de uno de sus miembros y que daría lugar a muchas situaciones complejas que resolver, a través del crecimiento, cuidado y crianza de los niños.

El pacto entre yerno y suegra permitió que los niños permanecieran por varios años en Santa Isabel al cuidado de su abuelita y el fiel cumplimiento de su padre a distancia con su mantención. Hasta que al pasar aproximadamente 6 años después de la muerte de su esposa, mi abuelo Guillermo decide hacerse cargo en su totalidad de sus tres hijos a pesar de tener que trabajar.

Pagando quien los cuidara en la ciudad y posteriormente al encontrar una nueva pareja y formalizarse con ella, deciden continuar la crianza de mi madre y mis tíos como si fueran hijos de ambos.

Les hablo de mi abuela paterna María y quien solo llego a tener un hijo que es mi padre. Así se forma la nueva familia con cuatro hijos al incorporarse los 3 hijos de mi abuelo Guillermo. Siendo mi madre la única niña y los demás varones. Donde mi papá era el mayor por ocho años más que mi madre y mi madre 3 años mayor que su primer hermano y este a su vez solo un año mayor que el más pequeño.

CAPITULO 2

LA INFANCIA Y MIS RAÍCES.

Mi madre continúo trabajando incansablemente para procurarnos el sustento, no ganaba suficiente dinero ya que se dedicó a trabajos domésticos con amistades de mis abuelos y conocidos que confiaron en ella además de querer apoyarle. Ella tenía tanta fuerza interior, voluntad y persistencia para afrontar las consecuencias de su desatino al aceptar las propuestas amorosas de mi padre que de cierta manera la admiraron desde muy jovencita.

Asumió su responsabilidad enfrentando sola las situaciones difíciles y desalentadoras producto de las críticas, cuestionamientos familiares o de vecinos por ser una adolescente. Señalamientos y prejuicios sociales que le causaron gran arrepentimiento por no haber aprovechado el tiempo estudiando y permitir que su padre la criara como siempre planeo pensando en su futuro.

La vida se le tornó insostenible con mi padre y con la pérdida de su niño se deprimió tanto que sintió la gran

necesidad de separarse de él definitivamente, se sentía agotada física y emocionalmente.

La vida se le tornó insostenible con mi padre y con la pérdida de su niño se deprimió tanto que sintió la gran necesidad de separarse de él definitivamente, se sentía agotada física y emocionalmente.

Sus conflictos de pareja, la infidelidad de mi padre sumado a el maltrato físico que le propino algunas veces, y toda su irresponsabilidad desde el aspecto económico le hicieron decidir regresar a su amado pueblo Santa Isabel.

Que, a pesar de traerle tantos recuerdos tristes de su infancia y dolor al perder a su madre precisamente hay en su querido terruño baluarte de sus raíces; también le traían a su memoria recuerdos alentadores y felices de su infancia con su familia y que disfrutó mientras fue posible.

Aún vivía su abuelita materna mi bis abuela a quien recordaba con mucho amor y que sabía la recibiría con los brazos abiertos y muy feliz de tenerla nuevamente con ella. Mas aun sabiendo que nunca su abuela aprobó

su relación con mi papá y sufrió mucho sabiendo que su nieta solo encontró sufrimiento a su lado.

Pabla siempre fue una mujer con mucha fortaleza espiritual que la sostuvo con esperanza y ganas de vivir a pesar de tantas pérdidas en su vida y de tantas maneras. Pero sin dejarse vencer todo ese

tiempo al no poder ver a sus nietos y en especial a mi madre que tanto le preocupaba, por la vida que tenía al lado de mi padre. La esperanza de volver a reencontrarse con ella la alentó siempre.

Fue así como un gran día e inesperadamente mi madre viaja de tan lejos hasta su querido pueblo acompañada de mi hermana Elba y yo. Feliz sorpresa para la abuela quien no podía creer que su nieta, la extensión de su querida hija se encontraba frente a ella y con sus dos retoños.

Conociendo que la muerte por segunda vez la visito al llevarse a su hijito recién nacido, teniendo que soportar esa terrible experiencia sin una madre a su lado por haberla perdido ni su abuela que la siguió criando por algunos años como su propia hija y que la lejanía y

malas relaciones con mi padre siempre fueron obstáculos entre ellas durante los últimos años una vez se fugó con mi padre.

Al amparo de mi bis abuela y su compañero Andrés permanecimos con mi madre en ese hermoso lugar, pueblo donde nuestros antepasados fundaron su familia, sus raíces, lugar en el que establecieron el Palenque tradición de su raza en el que se reunían y disfrutaban sus bailes y tradicionales bailes Congo que aprendí a bailar desde mi infancia.

Esta fue la primera vez que pisé el pueblo que aprendí a amar como mío, que a pesar de mi corta edad sé que me trasmitió una gran fortaleza espiritual a través de mis raíces. Sin imaginar que: Las memorias de mis sueños más allá de mis raíces, un día sería plasmada en el primer libro que llegara a escribir.

Mi memoria de niña de solo 2 años y medio no me permiten recordar detalles de nuestra llegada, pero de eso se encargó mi madre toda su vida, ser mi relatora y actualizadora de mi memoria.

Con los años llegué a pasar temporadas con los bis abuelos pude desarrollar y sentir muchas conexiones con mi difunta abuela Amansia. A quien dibujaba en mi memoria y le atribuía características físicas y fantásticas

como si estuviera viva, pero solo yo podía verla o imaginarla en mis sueños.

No paso tanto tiempo de estar con mi madre en nuestro pueblo como aprendí a llamarlo, cuando inesperadamente aparece mi padre en busca de mi madre. Siendo para todos muy desagradable su presencia según mi madre me llego a contar entre todo lo que quiso compartirme a través de su vida y a pesar de mi corta edad.

Quizás acostumbró a conversar muchas de sus vivencias conmigo porque necesitaba compartirlas con alguien aun cuando yo no pudiera comprenderle todo lo que me decía. Aunque ya cuando crecí yo misma descubrí mi capacidad de analizar, concretar decisiones y ejecutarlas aun cuando eran sencillas y simples.

Las Memorias De Mis Sueños: Más Allá De Mis Raíces.

Es muy posible que mi madre descubrió esas características en mí y se sintió identificada conmigo

como dos camaradas y no como hija y madre, convirtiéndome sin darse cuenta cada día en su confidente. Tanta fue la confianza que desarrollamos que muchas veces le preguntaba e indagaba para

conocer más de sus historias alegres, tristes o de sus curiosidades de su infancia.

Mi hermanita Elba y yo pasábamos jugando de alguna manera nos entendíamos ante su problema de audición y su lenguaje difícil, corriendo en ese patio amplio plano y de pura arena donde no existían cercas ni límites entre patios. En nuestra ingenuidad no sabíamos lo que ocurría alrededor de nuestros padres, solo los bis abuelos vivían la angustia y molestia por las estrategias de mi padre para endulzar a mi madre y seguirla enamorando.

Caso perdido el esfuerzo que hizo mi madre para separarse de él, solo le vasto un par de días y la convenció para que se regresara con él a Panamá que era donde vivíamos con mi abuela María y el abuelo Guillermo.

Mi padre utilizó todas sus armas seductoras y estrategias para manipular la decisión de mi madre y convencerla. Pero antes de eso logró que ella lo llevara a conocer mucho más del pueblo. Las áreas alejadas del río, donde se utilizaban pequeños cayucos para navegar hacia arriba llegando a lugares llenos de

vegetación muy frondosa, con un verdor inigualable que muchas veces se dejaban caer sobre el agua como cortinas de hojas de diversas formas y grosor.

Fue el lugar perfecto para enamorarla e ilusionarla ofreciéndole una nueva oportunidad engañosa planificada. Así pasaron algunos días borrando los malos momentos que entristecieron a mi madre, hasta que ella aceptó regresar con él a pesar de los consejos de la abuela, mi madre quiso darse otra oportunidad con mi padre.

Al día siguiente partimos de regreso, dos largos días de viaje y malestar por el mareo y los vómitos en el barco.

Mis abuelos en la capital se pusieron muy felices de vernos y tenernos con ellos

nuevamente. Mientras que mi madre y mi padre pudieron pasar unos cuantos meses tranquilos, hasta que reiniciaron las diferencias entre ellos y el mal humor de mi madre.

No imagino siquiera que su mal carácter tenía mucho que ver con un nuevo embarazo que se desarrollaba en su vientre, producto de la reconciliación con mi padre. Al

confirmar el embarazo fue tan rechazado por mi padre que los abuelos tuvieron que intervenir.

Se mudaron alquilando un cuarto en otra comunidad. Y mis abuelos prefirieron quedarse con nosotras para asegurarse que estuviésemos bien. Y realmente fue lo mejor que nos pasó en ese momento ya que mi madre tenía que seguir buscando como ganarse la vida a pesar de estar embarazada ya que con mi padre no tenía nada seguro.

No era tampoco que a mi padre le preocupaba ser un hombre responsable, su vida era de andar con sus amigos, fiestas o lugares nocturnos y amigas de ocasión. Y eso al llegar a casa de seguro era el

detonante de las peleas y agresividad entre él y mi madre a pesar de la sumisión de ella.

Antes que mi madre diera a luz por cuarta vez mi padre la abandonó, se fue del cuarto donde vivían y mi madre casi ya en sus últimos meses de embarazo quedó viviendo sola y trabajando para sostenerse y comprar lo que podía para recibir a su nuevo bebé. Ya que a la fecha no tendría ni con que abrigarle y su propia alimentación se restringía solo a leche en polvo y

cremas enriquecidas que el gobierno regalaba a mujeres embarazadas o lactando.

Gracias a Dios me decía mi madre que se alimentó bien con esa su dieta solo combinaba según la comida la forma de preparación. En un desayuno bebía leche fresca o con crema, al almuerzo crema cocida espesa y en la cena leche hervida con canela y sal. Así se alimentó en casi todo su embarazo y además no faltó a ninguna de sus citas de control.

A los pocos meses nace mi hermana Maritza, hermosa, lozana y totalmente saludable. Mi madre me cuenta que ella se sorprendió cuando la enfermera se la colocó en

sus brazos. Nunca imagino que con su alimentación tan restringida en nueve meses de embarazo podía dar lugar al nacimiento de una bebé tan saludable.

 Pero yo sé que eso fue obra de Dios y ese angelito fue protegido desde el vientre de su madre. Ambas se cuidaron y su vínculo fue potente en esos ocho meses y medios que duro el embarazo.

Para ese tiempo mi bis abuela cuido a mi madre hasta que se recuperó del parto, fue un gran soporte tanto físico como emocional que les producía cierta seguridad.

Mi padre no mostraba interés por su nueva hija y demoró para conocerla y darle el apellido. En aquel entonces vivía con su madre, mi abuela quien también nos seguía cuidando y atendido en compañía de mi abuelo el padre de crianza de mi madre.

Mi abuelo tan cariñoso, responsable trabajaba muy duro para darnos a Elba y a mi todo lo que necesitábamos.

En las tardes cuando él llegaba a casa nos traía algún dulce, frutas o golosinas, así que siempre salíamos corriendo a su encuentro a recibirlo y darle un beso.

Me encantaba esperar que llegara la tarde para revivir esa escena día a día, además de otra escena que me llenaba de emoción y nunca olvidaré; luego de corresponder nuestro saludo con algo de interés también por recibir lo que nos traía, él y mi abuelita se saludaban cada día con un besito "PIQUITO CON PIQUITO "como ellos le llamaban, así se despedían también en las mañanas con tanta dulzura y sinceridad.

Hasta el día de su muerte fueron una pareja muy amorosa, camarada, amigos y compañeros en las buenas y en los momentos no tan buenos. Sus problemas o diferencias las resolvían en su habitación una vez se retiraban a dormir. Nunca presenciamos discusiones ni malos tratos entre ellos, tenían una diciplina tan integra como pareja para todo que yo tome su patrón de vida como el ideal y que deseaba para mí el día que me casara.

Tanto eran los valores y buenas prácticas como pareja que los admiré por siempre, crecí hasta casi mayor de edad pensando que ellos nunca se habían disgustados. Fue entonces cuando mi abuelita María me explico que los asuntos de pareja se solucionaban en privado y que

el lugar indicado era su habitación y a la hora de dormir. Así todo se arreglaba con mejor voluntad, tranquilidad y cabeza fría. Luego de tener todo en orden su cama les regalaba una noche inolvidable llena de amor y ternura. Despertando al día siguiente renovados y llenos de planes y mucha fortaleza para continuar esforzándose

por todo lo que deseaban obtener como familia y ciudadanos responsables.

Fue una gran fortaleza y oportunidad contar con ellos tanto mis hermanas como yo. También fue de muchísimo respaldo para mi madre y tranquilidad para mis bis abuelo en Santa Isabel.

Los abuelos de la capital conocieron a mi nueva hermanita y también sintieron alegría y tranquilidad de su buen estado de salud. Solo que no tuvieron tanto contacto con ella al principio porque mi madre siguió viviendo sola con la bebé y nos visitaba cuando le era posible ya que desde la casa con poco tiempo de nacida el bebé, mi madre siguió lavando y planchando ropa, pero desde casa.

En esa situación que estaba conoció a quien fue mi padrastro meses después: un hombre muy cariñoso respetuoso y trabajador. Amigo de unos conocidos de mi madre desde la infancia y que también eran sus vecinos.

Desde que Rodolfo, conoció a mi madre quedo flechado por cupido. Ya que ella parecía una diosa griega así la

recuerdo siempre cuando me remonto a mis primeras imágenes de la infancia grabadas en mi memoria.

Por otro lado, sus amistades una pareja que además de ser vecinos eran nacidos y criados también en el pueblo de Santa Isabel. Así que se tenían confianza, conocían sus vidas, sus tropiezos y aciertos. Tomando el papel de "CELESTINA", la vecina de mi mamá se dedicó a abonar el terreno para que mi madre aceptara la propuesta de Rodolfo; de iniciar una relación de enamorados con la intención a futuro de formalizarse si resultaba todo bien.

Mi madre me confesó que desde que la conoció le agrado mucho, tenía buen porte, guapo y muy formal, desde el inicio busco la forma de ayudarla con gastos del bebé y de ella. Y que a pesar de rechazar ayuda al

principio sintió la necesidad de aceptar poco a poco. Decidieron vivir juntos y así iniciar una nueva vida con un hombre que mostró desde el inicio que deseaba formar una vida por siempre con ella y sus tres hijas a pesar de no lidiar con nosotras constantemente porque permanecíamos con nuestros abuelos.

Mi padre al enterarse de la nueva relación de mi madre le trato de hacer la vida imposible, pero de lejos no se

atrevía a acercarse a mi madre por temor, ya que esta vez ella tenía una persona a su lado que la defendería de él y de quien fuese necesario. Ya que en tiempos pasados muchas veces la agredió de forma física y verbal.

Mis abuelos al principio sintieron desconfianza de esta persona en la vida de mi madre, pero no podían evitarlo, prefirieron seguir apoyándola con el cuidado de nosotras y tratarlo poco a poco para conocer realmente sus intenciones con mi madre.

Transcurrió el tiempo y todo marchaba bastante bien en la vida de mi madre así que nos llevó con ella y el señor Rodolfo. Él era mayor que ella por diez años y pienso

esto favoreció mucho la estabilidad emocional de mi madre y sentirse protegida y cuidada.

Es así que uno de los cambios que pudo hacer mi madre fue el de reanudar sus estudios primarios y terminarlos

por sugerencia de él que estaba dispuesto a apoyarla económicamente en lo que fuera necesario para lograrlo y que avanzara en ese sentido.

Posteriormente él le propuso iniciar la educación media, mi madre deseosa de estudiar y recuperar esa oportunidad acepta, se matriculó nuevamente en la nocturna y cuando se encontraba a un año de terminarla sale embarazada de Rodolfo. Eso le dio mucha alegría a él, solo que ya mi madre con tres hijas como que su emoción fue menor y más con la preocupación sobre su futuro, si en verdad el apreciaría ese hecho de tener un hijo de los dos.

Tantas cosas pasaron por la cabeza de mi madre al respecto, pero se dio la oportunidad una vez más y luego se animó con la esperanza que esta vez pudiera tener un hijo varón con Rodolfo, que llenara el espacio que dejo su niño Efraín como lo bautizo al nacer, fruto de su

relación con mi padre el cual falleció a sus cortos siete meses de nacido.

Su embarazo y cuidados en todos los sentidos fue totalmente diferente y alentador, Rodolfo la complacía hasta con sus caprichosos antojos para comer lo que le

apetecía y a la hora que fuera. La mimaba mostrándole mucho amor y comprensión. Realmente se enamoró de ella como nadie, tierno y sobre todo cariñoso con

nosotras, él fue nuestro verdadero padre y así le correspondimos mis hermanas y yo hasta que falleció anciano por una enfermedad propia de la edad.

En esta ocasión una vez más mi madre tiene una niña, también muy hermosa y sana que los lleno de dicha y alegría. Rodolfo tenía una pareja de hijos ya adolescentes de relaciones anteriores y que atendía como padre.

Ibeth como la bautizaron llego en buen momento hasta para nosotras sus hermanas, ya como más grandes colaboramos para cuidarla y enseñarle nuestros juegos diariamente. Así mi madre podía dedicarse mejor al

hogar, ya que desde que unió su vida con Rodolfo él no la dejo ir a trabajar fuera de casa, pero si le pagó cursos

de costura y le regalo una máquina de coser. Esto fue magnifico, mi madre se emocionó con esta nueva

oportunidad de ganar dinero y contribuir en los gastos de la casa y de todas nosotras.

En cada una de estas mejoras y oportunidades que mi madre fue aprovechando mostró madurez y el inicio de un crecimiento y desarrollo personal, psicológico y emocional el cual abonó su autoestima y motivación interna permitiéndole hacer su plan de vida.

Fueron muchos los cambios, acciones y destrezas que descubrió en ella misma y dio marcha a su propio ritmo para sacar el mejor provecho y realizar sus sueños. Emprender en cosas nuevas que fueran beneficiosas para ella y nuestro bienestar.

Con respecto a nosotras, sus tres primeras hijas contábamos con ella, pero no con nuestro padre biológico por la irresponsabilidad que seguía manteniendo a pesar de los años. A Dios gracias a pesar

de no vivir con nuestros abuelos ellos siguieron ayudando a mi madre en lo que consideraban justo para nuestras necesidades.

Antes del nacimiento de mi hermana Ibeth, mi hermana Maritza y yo pasamos algunos años con los bis abuelos en Santa Isabel donde iniciamos la escuela. Mientras mi madre se quedó con mi hermana Elba quien era la mayor de todas, pero requería cuidados especiales de

estimulación y seguimiento ya que fue diagnosticada sorda muda a sus dos años de edad. Además, requería

citas de evaluación médica de cardiología por cierta alteración cardíaca al momento de su nacimiento, pero gracias al todo poderoso durante su crecimiento se fue corrigiendo de manera natural y espontanea la malformación cardiaca y fue dada de alta.

Mi llegada junto con mi hermana Maritza a Santa Isabel para estar bajo el cuidado de los bis abuelos, sería por el tiempo que mi madre necesitara, para organizarse mejor en su nuevo emprendimiento desde casa. Continuar y seguir los estudios de pre

media, cuidar a mi hermana pequeña Ibeth que aún no cumplía un año y darle toda la atención posible en los cuidados especiales a mi hermana mayor.

CAPITULO 3

MIS SUEÑOS Y METAS DE LA INFANCIA.

Mi regreso a Santa Isabel fue como salir de casa con mi madre para visitar a la familiar, porque en realidad mi hermana y yo no comprendíamos las razones y menos el tener que quedarnos con los bis abuelos pero esta vez sin nuestra madre.

Mi hermanita apenas con un poco más de tres años de edad yo casi con 7 años, era su primera vez en el pueblo, para mí era la segunda ocasión y quizás por ello no me dio tanta nostalgia separarme de mi madre. Sabía lo bien que podía pasarla con los bis abuelos, tenía recuerdos de la playa, el mar y el río que disfrute muchas veces en la estadía anterior.

A pesar de eso me sentí melancólica y lloré cuando mi madre se despidió de nosotras para regresar a la capital. El viaje de llegada y de partida se hacía en barco por el mar, era la única vía de transporte que se utilizaba por esa región del país.

Muy difícil y peligrosa travesía por tratarse del Mar Caribe en temporadas de mal tiempo y con las pésimas condiciones de las embarcaciones que existían para ese viaje. Por otra parte, las interminables horas de viaje casi siempre se multiplicaban en dos días completos.

Nuestra alimentación era pésima en el viaje por la difícil adaptación a el vaivén de las olas y la inestabilidad del barco. No había medicamento que nos controlara las náuseas y los vómitos. Lo que menos queríamos era comer o ingerir agua, nos atemorizaba sentirnos peor el estómago quería salir de nuestro cuerpo.

Solo un par de días y ya pensaba en mi madre con los recuerdos que traía en mi mente mientras estuve con ella en la ciudad, luego ya solo pensaba que mi sitio era aquí en nuestro lindo pueblo con mi hermanita a la que tenía que cuidar, proteger y hacerla sentir feliz. Que su añoranza por mi madre no le quitara la alegría de todo lo que nos rodeaba y que sería nuestra felicidad mientras estuviéramos con los bis abuelos.

Así fue sin ningún problema, mi hermana al igual que yo comenzamos a disfrutar a nuestra manera el estar libre en los patios del vecindario ya que no existían cercas entre las viviendas, todo se veía limpio, la arena firme por donde caminar y correr libremente todo el día con los demás niños.

Haciendo una nueva familia de juego y de compartir unos con otro, aprendiendo juegos infantiles nuevos y disfrutando a diario en ese hermoso río que teníamos tan cerca. Aprendimos muy rápido a nadar de todas las formas posibles por puro instinto natural. El aprendizaje rápido y perfecto tenía que ver con nuestras raíces y la cultura de nuestros antepasados.

En verdad nuestros momentos tanto en el día como en las noches eran felices y la libertad en la que nos sentíamos fantástica todos los adultos a nuestro alrededor fuera o dentro de casa siendo familia o no tenían siempre un buen gesto de cuidarnos y protegernos.

Los bis abuelos nos cuidaban como dos grandes tesoros y trataban de complacernos en lo mínimo sin malcriarnos, aplicando reprimendas, uno que otros castigos por desobedecer. Con rama de guayabito el sustituto de una correa recibimos alguna vez el castigo, que nos producía picor y ardor en la piel.

En las noches el bis abuelo nos contaba historitas, sus inventos con tanta seguridad que lo considerábamos el protagonista o héroe de esos relatos que creímos todos eran verdaderos. La bis abuela solo lo miraba y se sonreía al descubrir sus inventos, pero nosotras imaginamos que era por que a ella también la entretenía y se emocionaba al escucharlo.

Muy pronto aumento el público para escuchar al abuelo, nuestros compañeritos de juegos del día se mudaban a nuestra casa de noche y así disfrutaban con nosotras todo esto. Pero como toda tenía final, luego de ofrecernos a todos un rico refresco natural, los bisabuelos nos indicaban despedirnos de nuestro grupo de amistades infantiles.

A dormir de inmediato y a soñar con todo lo realizado durante el día, sueños inquietos acompañados generalmente de rizas y de balbuceos de palabras o frases imposibles de descifrar. Pero eso pasaba rápido entre mi hermanita y yo nos escuchábamos y nos contábamos el día siguiente el sueño o lo que percibimos la una de la otra durante la noche.

Muchas veces la bis abuela si llego a notar que yo tenía más sueños inquietos que mi hermana, por que hablaba dormida, manoteaba me levante algunas veces que se dio cuenta y me encontraba muy cerca de la puerta como con intenciones de abrirla.

Realmente yo no recordaba los sueños al principio, todo era confuso y desconocido para mí. Pero mi bis abuela no advirtió nada fuera de lo normal así que no le dio mayor importancia. Todo eso lo asocio a nuestras actividades de chiquillas inquieta y juguetonas que disfrutábamos a manos llenas nuestra nueva vida.

No transcurrió mucho tiempo cuando por casualidades del momento llegue a escuchar a mi abuelita conversando con sus amistades o con mi bis abuelo del calvario que sufrió cuando su hija enferma y murió, dejando huérfanos a sus tres hijos y a ella sola sin más familiar con quien poder consolar su inmensa pena y sufrimiento.

Mencionaba detalles de la enfermedad, momentos de desesperación tanto de ella como de mi difunta abuela Amansia y la frustración de no poder hacer más para cambiar su destino que sentía la haría perder la razón por el dolor y la tristeza.

Fue en ese momento que yo comencé a recordar pequeñas y confusas frases que escuché decir a mi madre sobre su mamá y que se llamaba como yo, Amansia. Inicie a relacionar y organizar mis pensamientos de diferentes etapas de mi infancia dándome cuenta de lo que realmente había ocurrido con mi abuelita. Claro que no podía entender todo, pero ya tenía un poco más de capacidad para relacionar la muerte con la vida y las emociones que producía una y otra.

Esos espacios vacíos o confusos en mi mente al ser más claros y completos me hacen preguntarle a la bis abuela una y otra vez en diferentes momentos detalles del físico de mi abuelita Amansia, el color de su piel porque mi madre es de tez blanca y la bis abuela piel negra, mi hermana mayor y yo de piel canela como decimos en mi país y mis otras dos hermanas son del color de mi madre de tez blanca. No comprendía esto, pero si había

escuchado que mi abuelo biológico era de otro país y que murió antes que mi madre naciera.

Mis preguntas eran interminables y tan frecuente que incluían hasta querer saber ¿cómo era mi abuelita en su forma de ser, como caminaba, si yo lo hacía como ella o no. Algo que para otras

personas no tenía relevancia para mí sí. Yo admiré siempre a mi bis abuela por su forma de caminar y mover sus caderas, rítmicamente acompañado de pasos moderados. Tenía un andar muy bien sincronizado, femenino, elegante con donaire y mucha seguridad demostrando buena autoestima y dominio en su personalidad.

Así inicio mi memoria a crear imagen, idealizar pensamientos y personas al grado que cuando soñaba mientras dormía todo se relacionaba poco o mucho de lo que había escuchado sobre mi abuela Amansia.

Se convirtió en una necesidad conocerla en sueño ya que no podía ser de otra manera, todo esto permanecía en mi subconsciente. Solo cuando fui una adolescente ya estudiando en segundo ciclo pude entender un poco sobre los procesos de la mente y a medida que estudiaba y avanzaba en mi preparación académica pude analizar mejor todo esto.

Mis sueños siguieron dándose, mis pesadillas permanecían por mucho tiempo saliendo de la cama dormida caminando dentro de la casa y descubierta por mi bis abuela quien me acompañaba de vuelta a la cama.

Sufría en mis sueños, lloraba y me veía caminar hacia el cementerio del pueblo en busca de la tumba de mi difunta abuela Amansia que nunca pude encontrar despertando una vez más sin lograrlo. Quedando solo retazos del sueño el día siguiente con algunos pasajes significativos.

Gracias a Dios meses después de estar en Santa Isabel inicié la escuela primaria, la verdad tenía mucha timidez cuando conocí a la maestra y a mis compañeros de primer grado, a pesar de compartir con algunos por

medio de los juegos cotidianos de la infancia al llegar a nuestro pueblo.

La maestra había sido maestra de mi madre y era una señora mayor, muy linda y elegante que disfrutaba su profesión y amaba a los niños. Siempre sonriente y de mucha paciencia lo cual me dio mucha tranquilidad y pude aprender con más facilidad sus enseñanzas.

Complete el segundo grado y disfrute los tres meses de vacaciones escolares con mi hermanita junto a los bis abuelos en mi querido e inolvidable pueblo. Ya para el siguiente grado si tenía que regresar con mi madre quien se encargó de la matrícula y preparativos para recibirme.

Mi hermana también regresaría conmigo junto a mi madre cosa que ya nos causaba nostalgia por lo que dejaríamos atrás: nuestros juegos, compañeros, a los bis abuelos, nuestra hermosa playa, palmeras, el refrescante y hermoso río. Extrañaríamos los cuentos he historias del abuelo con todos sus detalles para complacernos.

Ya terminaba la ilusión de recibir cada día a nuestro abuelito cuando regresaba del monte donde tenía su finca, cargando con verduras, cocos y frutas que nos encantaban. Que puedo decirle de la bis abuela con sus ricas comidas costeñas, postres deliciosos también en su mayoría con el coco de ingrediente predilecto que no podía faltar.

Sus guisos deliciosos de marisco, carne de animales como saínos, puerco de monte, venado. Donde cazadores de experiencia lograban atrapar al internarse en el bosque y montañas espesas de la región.

Llego el día de nuestro viaje de regreso, sin casi poder dormir pensando en la travesía y la nostalgia que nos envergaba a mi hermana Maritza y a mí, la despedida del bis abuelo Andrés. Partimos con Pabla nuestra bis abuela, dos días de viaje hasta que llegamos a la ciudad de Panamá junto a mi madre y mis otras hermanas.

Mi madre muy feliz de volver a tenernos con ella y ver a su abuelita que la crío como su madre desde que quedó huérfana; entre alegría, risas, abrazos y llantos ya nos

encontrábamos en otro escenario. Mi madre más hermosa que nunca, mis hermanas Elba e Ibeth muy bien y mi padrastro muy emocionado con nuestra llegada.

Fue una tarde y noche de anécdotas y detalles para poner al tanto a mi madre de muchos detalles que sería importantes para saber cómo fue nuestra permanencia con los bis abuelos ya que en esos tiempos la comunicación era un serio problema y solo por cartas que llegaban tarde, muy difíciles de enviar o se perdían en el viaje.

Pasaron algunas semanas, la bis abuela se fue para su casa con su esposo Andrés y nosotras continuamos estudiando en una escuela nueva en la comunidad cerca de casa. Mi madre seguía dedicándose a la costura o algún trabajo que no le ocupara mucho fuera de casa.

Los gastos en casa aumentaron con la llegada de nosotras y la escuela, pero mi padrastro se programó para trabajar sobretiempo y afrontar los desafíos. No era fácil para él ni para nosotras.

Muchas veces nos dormíamos tarde esperando que llegara para poder cenar ya que el dinero que tenía mi madre para el día no alcanzaba muchas veces para la comida.

Cuando mi última hermana Ibeth cumplió 3 años, mi madre salió embarazada siendo este el segundo hijo que tendría con mi padrastro. Ella se ilusionó pensando que fuese un varón y se operaría para no tener más hijos, ya en ese tiempo tenía 26 años y los médicos estaban dispuestos a operarla para evitar embarazos posteriores como método de planificación familiar.

El embarazo fue normal, todos los preparativos se hicieron en su tiempo, solo que esta vez la bis abuela no podría viajar a Panamá para asistir a su nieta luego del parto. Así que llego el momento del nacimiento y fue varón como lo deseábamos todos.

A los dos días del parto le dieron salida del hospital a mi madre y al bebé. Cuando llegaron a casa podrán imaginarse la alegría y celebración de todos nosotros. Mi hermano pesó más de nueve libras, parecía un muñeco de televisión, hermoso. Mi padrastro no sabía ni qué hacer con lo feliz que estaba, lo cargaba y celebraba dando gracias a Dios por que siempre fue un hombre de mucha fe.

Pero mi felicidad duró poco, yo sabía cómo nacían los niños solo de dos maneras, por una operación en el vientre o por la vagina de su madre así que como ya me había dicho mi mamá por donde nació mi hermano yo le pregunte por la cirugía para no tener más bebes y fue cuando ella me explicó que se la harían otro día porque le dio fiebre y así no podían operarla.

A mis diez años yo sabía muchas cosas y las comprendía así que eso me puso triste porque pensé que mi madre podía tener otro embarazo y yo sentía mucha preocupación por eso, me preocupé como un adulto y le dije a mi madre muchas cosas que ella nunca imaginó que yo podía tener en mi cabeza.

Cosas como que el dinero no alcanza, somos muchos, quien nos cuidaría, mientras trabajaba y teníamos que ir a la escuela. Es difícil para una madre ver esta reacción en su hija que aún no termina la infancia, esa reacción muestra muchas cosas que le han afectado y preocupado a su corta edad y que son producto de las vivencias familiares.

Mi madre lloró y sufrió por mi reacción, pero luego se repuso y me sentó a su lado como si fuéramos dos amigas de la misma edad y me dijo con seguridad y mucha ternura en su rostro, que ella no tendría más embarazo porque los médicos la operarían en un par de día cuando ya no le diera más fiebre. Que esas cosas pasaban a veces después del parto pero que todo estaría bien y me abrazo pidiéndome no llorar más.

Para mí fue un gran alivio escucharla, mi padrastro se quedó sorprendido de mi reacción y la conversación con mi madre, pero nunca intervino, solo nos dio nuestro espacio y atendía a mi hermanito. Imagino que sintió temor al no saber ni que decir o que yo rechazara al bebé; pero no fue así por el contrario yo lo espere con mucho anhelo y mis planes de ayudar a mi madre a cuidarlo los cumpliría.

Cumplí mis 11 años, siempre fui muy activa, cooperadora en la casa y con el cuidado de mis hermanos. Pero no todo termino en ese momento ya que a la hora de que todos fuéramos a la cama a dormir, siendo muy tarde y mi padrastro tenía que madrugar para ir a su trabajo.

Yo me fui a acostar corriendo y de primera, mi madre acostó a mis hermanas y colocó al bebé en su cuna, cuando fue a acostarse me encontró a mí en su cama muy bien colocada en el centro y me preguntó porque no estaba en mi cama.

Solo la mire unos segundos y le respondí muy segura de mí que yo dormiría con ellos en el medio hasta que la operaran para no tener más hermanitos. "Flat" como le decíamos a mi padrastro solo la miró y se sonrió conmigo, el entendió el mensaje, mi madre demoró unos segundos más, se había congelado ante la inesperada decisión de mi parte y el significado que eso tenía.

La reacción de mi madre fue meterse a la cama, me abrazo, beso en la frente y me dijo unas palabras que nunca olvidaré y que en este momento mientras escribo las memorias de mis sueños; me hicieron aflorar varias lágrimas y sentir mi garganta apretada, con muchas ganas de llorar como una niña, al recordar ese episodio de mi vida.

Las palabras de mi madre, fue algo como esto; "me cuidas como mi madre, si ella estuviera aquí viva, que no hubiera muerto". Amansia era su nombre y te lo puse para siempre tenerla presente en mi vida y en cada momento que pudieras recordármela.

La emoción de mi madre la hizo llorar, pero luego me abrazo fuertemente y me dijo con alegría que no me preocupara que todo sería como tenía que ser, no pensara más en eso y mejor durmiera con ella hasta que se fuera al hospital para que la operarán.

Dos días después mi madre fue internada en el hospital y le realizaron la salpingectomia, y le funcionó porque después de tener a mi hermano no tuvo más niños. Mientras que a su comadre casi de la edad de ella la operaron también en esos mismos días y 15 años después quedo embarazada. A Dios gracias no fue el caso de mi madre, ya que estos casos se dan y en menos años de realizada la operación.

Me dediqué a ser niñera de mis hermanos en las horas libres de escuela, aprendí a cocinar con solo 11 años y dejar todo listo para el almuerzo mío y de mis hermanos.

Mi madre ya trabajaba tiempo completa fuera de casa y mi padrastro salía tarde de los sobre tiempo así que realmente yo tenía todo para mi hasta que ellos regresaran del trabajo, al menos hasta que llegara mi madre que su jornada era de ocho horas diarias.

¿Como yo estudiaba y hacia mis tareas? Les diré que tenía una varita mágica; luego que mi madre se iba cada madrugada con mi hermana Elba a quien dejaba en la escuela especial, mi itinerario diario consistía en servir el desayuno a mis hermanos, mi hermana Maritza se iba a la escuela que estaba a unos metros de la casa mientras yo hacia los quehaceres y cocinaba el almuerzo, les daba de comer a los dos más chicos Ibeth y Luis.

Cuando mi hermana regresaba de la escuela ella cuidaba a los niños y yo me iba a la escuela. Primero me aseguraba que cerraran la puerta muy bien y que por nada salieran hasta que yo regresara de la escuela o llegara mi madre o mi padrastro.

Mi hermana Elba regresaba en un bus colegial que pagaba mi madre para asegurar que no corriera peligro, ya que su escuela si quedaba distante en el centro de la ciudad. Además, por ser sordomuda siempre todos teníamos temor de que pudiera pasarle algo en la calle.

Elba a pesar de ser la mayor no tenía ninguna razón para no poder cuidar a sus hermanitos al menos hasta que yo llegara, pero ella no cooperaba, no participaba en nada con nosotros ni siquiera

juegos. Prefería comer cambiarse de ropa y se iba donde la vecina y compartía con sus amigas haya hasta que mi madre llegaba del trabajo.

Cuando yo regresaba de la escuela a las 6 de la tarde calentaba la comida que había quedado de almuerzo o cocinaba nuevamente lo que encontrara y así comíamos mis hermanos y yo.

Si mi madre o mi padrastro llegaban antes se encargaban de todo y así cuando yo llegaba podía cenar tranquila y hacer mis tareas. De lo contrario estudiaba más tarde y hacia las tareas ya que en las mañanas no tenía tiempo.

Pero Dios protege mucho a los niños y siempre me cuido y protegió, así como a mis hermanitos de tantas cosas que pudieron habernos pasado. También me dio mucha sabiduría y entendimiento para mis estudios y poder asimilar rápido y con pocos recursos toda la enseñanza que recibía de mi maestra y luego de los profesores.

Así culmine mis estudios primarios, seis años de sacrificio y lucha constante por mis sueños, necesitaba concentrarme en continuar paso a paso sin detenerme para lograr mi meta; que desde muy pequeña aprendí a definir lo que quería ser de grande, o mejor dicho quien quería ser. A través del juego y juguetes mostré mi inclinación por la medicina y la enfermería.

En la edad de 4 a 6 años mi madre me cuenta que solo le pedía una muñeca y juguetes de enfermera o doctora, ella me compraba unas bolsitas económicas que contenía todo eso ya que no salía caro y estaba a su alcance. Mi felicidad era tan grande como tener los mejores juguetes del mundo.

De esta manera mis juegos con esos regalos se concentraban en el cuidado del enfermo y terminaba inyectando a todas las muñecas tanto mías como de mis hermanas y a mi madre y demás miembros de la familia que se dejara atender.

Mi jeringuilla de juguete siempre fueron mis favoritas, les tomaba la temperatura repetidas veces y como los encontraba con fiebre les administraba su medicina y les indicaba acostarse mientras yo los cuidaba y observaba sus progresos.

Claro que todos se curaban con mis cuidados, nadie moría, aun yo no tenía conciencia de la muerte, pero si mantenía una dedicación muy firme de hacer todo por mis pacientes hasta lograr se recuperaran.

Fue así que a medida que pasaron los años terminé la primaria y definí mis pasos sobre mis estudios posteriores, compartiendo mis sueños de ser doctora o enfermera con mi madre.

Mi madre sonreía cuando yo le hablaba de estos deseos cuando tenía menos edad interpretándolo como un simple juego de niña. Pero si estaba clara de mi tendencia con los juguetes que me hacían disfrutar el momento y por largas horas.

CAPITULO 4

PROYECTO DE VIDA Y CRECIMIENTO PERSONAL.

En los libros y estudios profesionales de psicología y demás siempre se menciona que un Proyecto De Vida; es algo que una vez la persona lo inicia es continuo como es nuestra vida, el mismo le permitirá lograr los cambios que necesita para alcanzar sus objetivos y meta a corto, mediano y largo plazo mientras se sigue. Teniendo la característica de permitir constantes cambios, adecuaciones según nuestras necesidades y propósitos con la finalidad de enriquecerlo a través del tiempo garantizando nuestros logros.

Es decisión del individuo trazarse un plan de vida visualizando lo que desea alcanzar y a medida que avanza podrá ver más de lo que imagino, es entonces cuando su autoestima y motivación le brindaran la inspiración y para llevarlo a cabo.

Las capacidades innatas las desarrollara convirtiéndolas en habilidades, destrezas posteriormente en competencias que le beneficiaran en cada aspecto que quiera o decida introducir en su plan de vida. Así como también su personalidad resiliente, las oportunidades de aprendizaje por experiencias vividas, la inteligencia emocional que haya desarrollado a través de su crecimiento y desarrollo personal.

Por otro lado, también de una forma sencilla y clara como deseo explicarles, los profesionales dedicados a definir e ilustrarnos sobre lo que es el crecimiento personal se refieren: a un proceso de cambio, ajustes y mejoras que el individuo hace progresivamente a través de su vida, en relación a sus experiencias y vivencias. Para asimilar, afrontar y sacar lo mejor de ellas a pesar de no ser los mejores momentos vividos y que permanecen en su memoria.

Afirman que este proceso necesita cierta maduración como individuo y por ello es de esperase que el proceso se inicie luego de completar la adolescencia la cual pudiera darse a partir de los 14 y 16 años por establecer un tiempo aproximado, no fue mi caso.

Realmente no pongo en duda que esto sea así, pero en mi caso no concuerda y me atrevo a decir que como todo en la vida es variable, cuando se trata del ser humano. Ya que no existen dos personas exactamente iguales siendo así que me declare un plan de vida a muy corta edad y tiene mucho que

ver con la realidad de cada persona desde muchos puntos de vista, principalmente su propio yo y la personalidad.

Bajo ciertas circunstancias de nuestras vidas reaccionaremos y haremos los ajustes necesarios a pesar de no ser el momento que nuestro cerebro y sus procesos esperaba o determinarían, pero que nuestra fuerza interna lo necesita sin demora, sin explicación ni sentido para los demás. Siendo importante para nuestro desde adentro ahora y aquí.

Este sería mi caso donde me ubico y me identifico a pesar de estar solo a unos pasos de iniciar la etapa de la adolescencia, quizás temprana para mi o prematura como cada una las etapas en mi desarrollo.

Pero como aprendí en mi profesión que hasta estos momentos se los hago saber: soy enfermera con una larga trayectoria profesional, con muchos logros, satisfacciones y empoderamiento en el ejercicio de la misma.

La Memorias De Mis Sueños: Más Allá De Mis Raíces.

Donde utilizamos una herramienta que nos funciona a la perfección para trabajar con situaciones por resolver y metas que alcanzar: me refiero a FODA a través de mis funciones en el campo de la enfermería elabore muchos FODA para dar respuestas positivas a problemas y situaciones que debían resolverse, mejorarse o transformarla en un plan estratégico; donde convertimos las debilidades en nuestras fortalezas y las amenazas en nuestras oportunidades.

Inicie mi plan de vida con cada paso a seguir en mi memoria, dándole forma y sin dejar ningún cabo suelto por el momento hasta que salieran, pero segura que no sería nada que yo no pudiera resolver con ese impulso que nacía de mis sueños e ilusiones que me recargaban de seguridad un espíritu y pensamiento potente y decidido.

Mis propósitos de superación me daban fortaleza y mucha sabiduría a pesar de solo contar con 12 años. Volví a decirle a mi madre sobre mis proyectos de estudio, pero esta vez con puntos muy claros, definidos con objetivos y acciones para lograrlo.

Así también organicé en mi memoria solicitarles apoyo a mis abuelos María y Guillermo quienes desde el principio creyeron en mi decisión de poner mis estudios en primer plano como mi meta principal y con toda la complejidad de una profesión a futuro.

Me prometieron apoyarme en todo lo que estuviera a su alcance pensando en mi futuro y en la familia que también seria fortalecida con mis futuros logros del cual no tenían duda.

Cuando las personas creen en ti es porque algo bueno has hecho en la vida y tratándose de una niña aun es mayor el valor que se reconoce por venir de su naturaleza y proyecciones en su personalidad. Siempre me demostraron que confiaban en mi haciéndome sentir compromiso y fe. Además de convertirme en una persona muy agradecida y reciproca hacia los demás con mi comportamiento, trato y empatía hacia mis semejantes.

En primer lugar, les solicite a mis abuelos si podían ayudarme con el ingreso a la escuela secundaria que estaba muy cerca de su casa y que según mi información era el mejor colegio público en la región.

Las Memorias De Mis Sueños: Más Allá De Mis Raíces.

Días después en una de las visitas que hicimos a mis abuelos con mi mamá ellos nos comunicaron que conocían a una profesora del colegio Alfredo Cantón al cual yo quería ir para recibir mis estudios secundarios. Y que lo antes posible la visitaría, para pedirle apoyo para que yo pudiera ingresas a ese colegio.

Al conversar con la profesora ella les explicó que no sería fácil conseguir un cupo para mí, ya que vivía con mi madre en otra comunidad, algo distante y les daban prioridad a los estudiantes de áreas cercanas. Además, que tenían parámetros de índice alto establecido para acepta la inscripción.

Mis abuelos le aseguraron que ninguna de esas condiciones sería problema para mi ingreso, ya que yo podía irme a vivir con ellos y que yo se los había solicitado hasta antes de conversar con mi madre sobre mis deseos de estudiar en ese colegio.

Mi madre me mostró en una ocasión que le sugerí eso, que para ella sería muy difícil conseguir el pasaje diario y por lo tanto tener ausencias además del tiempo que me tomaría para ir y regresar del colegio le preocupaba por mi seguridad.

Pensé que mi madre al no contar con alguien más para cuidar a mis hermanos menores le preocupo que yo no estuviera en casa el suficiente tiempo para apoyarle. Y eso me preocupaba mucho por mis hermanos pero, a la vez me sentía, responsable de hacer el sacrificio necesario para lograr mi

superación que no seria, solo para mí bienestar Ya que siempre ellos estaban en mi mente, en mi corazón y en mis planes a futuro.

Mi superación la visualizaba como un proyecto de familia donde cada uno de nosotros estaría, inmerso y seria mi contribución para que mis hermanos siguieran esa misma dirección logrando así mejorar, evolucionar de manera individual y familiar para surgir a una mejor forma de vida.

Yo había pensado en cada detalle y en mi mente tenía la propuesta perfecta para mi madre en el momento preciso para mudarme con mis abuelos.

Respecto a mis calificaciones e índice académico tampoco sería impedimento, ya que yo mantenía buenas calificaciones, no era excelente, pero si muy buena en los estudios sabían que una vez yo iniciara en ese colegio mi desempeño sería mayor por mi gran interés de estudiar.

De esta manera recibí la gran noticia que la profesora "Patita" me ayudaría con el cupo y con el respaldo de ser su sobrina para todos en el colegio. La gloria de Dios es grande y siempre estuvo a mi lado y con los míos, nunca estaré más agradecida con mi Dios por todo lo que pude experimentar en mi vida y recibir su misericordia y bendiciones que me iluminaron.

Luego me dije, ahora me falta lo más difícil, ya era un asunto de soltar y pasar la página en busca de un mejor futuro y no solo para mi sino también para mi madre y mis hermanos a quien tanto amaba desde que nací y estuve en la llegada de cada uno de mis hermanos compartiendo nuestras vidas.

Algo nerviosa por la preocupación que mi madre no aceptara mi propuesta y sintiera que no la quería o no me interesaban mis hermanos, además yo tenía claro lo difícil sería para ella tomar una decisión para apoyarme en mi plan de vida en relación a su situación con los niños.

Mi Crecimiento Personal y mi Plan de Vidas: ya hacía varios años había iniciado a desarrollarse y sin saberlo tanto ella como yo en este momento de decisiones y proyectos de mi parte se hacían evidente. Esto fue como el aterrizaje necesario para mí, que me permitiría ponerme en mi propio lugar, en primer plano en mi vida, era ahora o nunca y sin dar marcha atrás lo hice.

Nos sentamos como tantas veces una al lado de la otra y le pedí me diera permiso para estudiar en el colegio Alfredo Cantón, que mis abuelos y la señora Patita me ayudarían a ingresar colegio.

Yo necesitaba irme a vivir con mis abuelitos, no tendría gastos de pasaje ya que no me quedaba lejos la escuela podía ir y regresar caminando. Dedicaría más tiempo a mis estudios y ser mejor estudiante de lo que era para cumplir con la exigencia del sistema que tenían establecido.

A demás podría ayudar a mi abuelita en sus ventas de comida en la casa los días domingos y eso me ayudaría a ganar dinero que podría utilizar para comprar algunas cosas que necesitaría y eso sería bueno hasta para mi madre que tenía tantos gastos con todos nosotros diariamente.

Mi madre me miro con admiración por cada una de las explicaciones y detalles que le planteaba, pero más la sorprendí cuando le mencioné a mis hermanos y le sugerí mandarlos con los abuelitos a Santa Isabel.

Así sería más fácil para ella quedarse con Elba que ya tenía casi los 14 años y Maritza que contaba con nueve años. Ambas irían a la escuela en la mañana y en la tarde a su regreso se acompañarían en la casa hasta que mi madre y mi padrastro regresaran de su trabajo.

A mi madre la sorprendió esta propuesta, se quedó callada sin responder. Imagino estaba analizando todo para tomar la decisión mientras yo guardaba silencio y le daba su tiempo.

Ya me sentía más liberada al exponer mis proyectos, y tranquila conmigo misma ya que también sugerí soluciones y lo más importante que no dejaría nunca de preocuparme y querer dar lo mejor de mí por mi familia.

Sería un gran sacrificio separarnos, alejarnos de cierta manera, pero aprendí entonces que en esta vida todo tiene un precio y eso consiste en pagarlo con nuestro sacrificio para poder concretar lo que se quiere alcanzar. El valor agregado que nos exigen nuestros sueños y metas nos proporciona la satisfacción y compromiso de lograrlo y seguir generando solides y bienestar.

Mi madre al fin dio su autorización para vivir con los abuelos, me organicé muy bien logrando adaptarme fácilmente a las costumbres y deberes en mi nuevo hogar con mis abuelos. Mi abuelita María era muy detallista y perfeccionista para hacer los deberes de la casa, su forma de ser me ayudo a ser muy ordenada, organizada y creativa además de reforzar mi personalidad madura y responsable.

Ya que era muy diferente cuando permanecía con ellos en mis primeros años de vida cuando todo me lo hacían mientras nos cuidaban a mis hermanas y a mí. Ahora yo estaba grande una jovencita de 13 años que estaba acostumbrada al trabajo y a no depender de otros para hacer lo que me tocaba en la casa o cumplir con mis tareas escolares.

Mi abuelita y yo atendíamos coordinadamente la casa en las mañanas y ella hacia la comida del almuerzo, luego de comer me iba a mi escuela y de regreso apoyaba en algún oficio pendiente en la cocina principalmente. Nos organizabas muy bien y rápido cada día, logre conocer mucho sobre administrar el dinero de las compras diarias para la comida, mientras ella organizaba la casa y otros asuntos de sus ventas de frutas, refrescos y alimentos al público.

En las noches me dedicaba a estudiar, hacer tareas hasta altas horas de la noche y adelantar los trabajos escolares que tendría que entregar en las fechas establecidas. Nunca dejaba pasar el tiempo sin hacer nada y me gustaba andar por delante ganando tiempo valioso, que siempre me daba recompensas al tener muy buenos resultados con mis calificaciones y reconocimiento de mis profesores.

Mis fines de semana eran para limpiar parte de la casa, ya que mi abuelita sufría de reumatismo, resultando difícil hacer estos menesteres donde muchas veces las posturas y esfuerzos no le favorecía por el contrario yo con mi juventud, salud y ligereza para movilizarme me encargue.

Aprendí mucho de cocina al vivir con ella y ayudarle en todos sus negocios en casa, aun cuando ya no era tan constante solo cuando sus clientes le solicitaban; preparar algunas comidas que no encontraban con facilidad y bien preparadas como lo hacia ella, por lo cual gano tanta clientela a través del tiempo que le ayudo a ganar dinero adicional cuando lo programaba. Teniendo mis ganancias para mis propios gastos y ahorros sintiendo satisfacción e independiente.

A demás me daban dinero diariamente para mi pasaje y comprar alguna merienda en la escuela y que se sumaba a mis ahorros ya que no utilizaba el transporte, prefería caminar, no comía en la escuela por evitar mayores calorías, ya que mi peso no era el ideal a mi edad ni estatura y yo necesitaba reducir por mi salud y autoestima.

Esta fue mi gran oportunidad y enseñanza que recibí de mis abuelos, el ahorro y a gastar solo lo necesario pensando en el futuro y en lo que realmente vale la pena. Por esa razón también me acostumbré a sacar libretas de club de zapatos y de ropa en los almacenes donde semanal mente pagaba las cuotas y en 25 semanas podía hacer uso de ello para comprar mi ropa y zapatos.

Como nunca dejé de preocuparme por mis hermanos también les compraba a ellos. Esto fue un gran apoyo para mi madre, quien se sentía muy contenta y orgullosa de mi capacidad para organizarme, compartir con mis hermanos de manera tan espontanea.

En cuanto a mi rendimiento académico mi madre se sentía tranquila y alegre. Permitiendo dedicarse mucho más a mis hermanos y a su trabajo. Posteriormente también a continuar sus estudios nocturnos demostrando que nunca es tarde para estudiar y adquirir conocimientos para tener una profesión, arte u oficio mejor remunerado.

Ella valoró mucho el tiempo que estuvo sola con mis otras hermanas y los más chicos en Santa Isabel, se organizó con mi padrastro para seguir estudios en la nocturna mientras el acompañaba a mis hermanas en las noches. No fue tanto tiempo que trascurrió cuando pudo terminar su primer ciclo casi a la vez conmigo donde tuve la oportunidad de ayudarle en algunas tareas y trabajos de investigación.

Mi escuela cada día me gustaba más, el sistema de los profesores y mis compañeros tan estudiosos y responsables nos facilitando hacer buenos grupos de trabajo y estudios. Ya teníamos que definir si seguiríamos en ese colegio o ir a otro dependiendo de lo que estudiaríamos en el futuro como universitarios.

Yo no tenía dudas sobre eso en realidad, porque estaba clara que continuaría mi segundo ciclo en mi querido colegio donde estudiaría, el Bachillerato en Ciencias. Que era requisito en la universidad para estudiar medicina o enfermería y que siempre fue mi sueño.

Buscando siempre lo que me diera la oportunidad de atender y curar a mis pacientes con mis cuidados. Ese era uno de los pasos más importantes en mi proyecto de vida por el que estaba dispuesta a sacrificar todo lo que exigiera la profesión.

Luego de la graduación del primer ciclo quise cambiar de escuela al Instituto Nacional donde también podría hacer mi segundo ciclo en Bachillerato de Ciencia. Siempre pensando en los mejores colegios públicos que tenía a mi alcance.

Las Memorias De Mis Sueños: Más Allá De Mis Raíces.

Señalado como uno colegio con mayor historia y prestigio por la preparación que recibían, sus estudiantes además del reconocimiento de muchos hombres y mujeres que realizaron sus estudios en él. Nombrados dentro de nuestra historia, nacionalidad y patriotismo del cual estamos muy orgullosos.

Me interesaba tener lo mejor con tal de llevar buenas bases a la universidad más que todo, puesto que ambas carreras de las que me interesaban tenían muchas exigencias curriculares que dependían de que escuela provenía por su plan de estudio.

A mi pesar mi madre no pudo conseguirme el cupo en el Instituto Nacional a pesar de todos sus esfuerzos y que mis calificaciones me lo permitían, pero la cantidad de cupos, la demanda de estudiantes y la sectorización por domicilio que tomaban encuentra no me permitió, obtener un cupo para mi ingreso.

Me sentí frustrada por primera vez y hasta me torné caprichosa y le dije a mi madre que si no era esa escuela no iría a ninguna. Pero ese berrinche me paso rápido mi madre me conocía y estaba segura que yo no dejaría todos mis esfuerzos tirados a la basura ya que mi mayor interés, era seguir mis estudios hasta lograr la profesión que deseaba desde niña.

Al día siguiente le pedí que por favor me matriculara en mi escuela ya que tenía reservado el cupo. Así seguí por tres años más donde desarrollé mucho como estudiante, en mi vida personal, social y abonar mi Plan de Vida.

Me convertí en una joven menos solitaria, podía ver más allá de la familia, ya los chicos me interesaban, pero sin dejar de ver mis prioridades como mi norte. Aprendí a ser más independiente y autosuficiente de lo que ya era, pensaba mucho en el futuro y lo que deseaba lograr, por ninguna razón depender de un hombre, o tener que soportar que mis hijos pasaran trabajo por no tener mis propios recursos una vez formara mi propia familia.

Comencé a verme como una profesional triunfadora, aun cuando no fuera fácil y faltaba mucho para ello, pero lucharía incesantemente hasta conseguirlo. Solo en el amor no podía sentirme libre de miedos y dudas; desconfiaba de los chicos y cuando me interese en alguno yo misma los esquive por que los relacione con el mayor obstáculo, para que una mujer lograra tener para estudiar y hacerse profesional e independiente.

Las Memorias De Mis Sueños: Más Allá De Mís Raíces.

Si me preguntan si llegue a tener novio en la secundaria no les mentiré claro que sí, al menos dos   poco tiempo y bajo mis condiciones. Se que no se sorprenden, ya conocen mucho de mi personalidad y mis prioridades. Desde el día uno estableciendo mis horarios para vernos o compartir en alguna visita o invitación a salir. y organizaba mis estudios como mi prioridad en todo momento sin sentirme mal por ello o triste. Posiblemente en esos tiempos no me enamore.

Mi realidad no era el amor lo que me interesaba era mi futuro y a eso me dedique para termine mi bachillerato, entre a la universidad feliz, contenta con tantos planes. Mi tiempo era para mi proyecto de vida, dispuesta a lograrlo apostando al cien por ciento que lo conseguiría.

Mi madre y mis abuelos felices por esta nueva etapa en mis estudios, pero la dicha nunca es completa y luego de realizar el curso de verano para entrar a la carrera de medicina me sentí muy decepcionada de mí misma por no pasar una de las materias donde me falto un punto.

Fue muy frustrante para mi pensé que era mi fin y me cerré, al no ver otras opciones ya que si no era eso no me interesaba nada. En ese momento afloro nuevamente la niña caprichosa que no se da tregua, que es indomable y no quiere aceptar que muchas veces hay que cambiar estrategias porque no somos perfectos.

Gracias a mi familia, a el respeto y valoración del cual me hice merecedoras desde pequeña pude superar esta situación. Fui orientada, me animaron y pude reconsiderar hacerme una nueva revisión en mis adentros de como decidir antes que cerraran las matrículas para escoger una carrera acorde con mi vocación.

Que primero que nada me diera la satisfacción de sentirme ubicada en el punto y lugar preciso para alcanzar mis sueños sintiéndome satisfecha y dedicar mi vida a servir a la humanidad, no solo en la enfermedad si no también en la prevención y rehabilitación de las personas que me necesitaran.

Fue entonces cuando luego de realizar una verdadera introspección en mis pensamientos, sentimientos, recuerdos, sueños e inspiraciones desde mi niñes: pude ver que otra profesión que nunca había, visualizado tan relacionada y congruente con mis proyecciones, podía ser justo lo que yo necesitaba y esper siempre.

Las Memorias De Mis Sueños: Más Allá De Mis Raíces.

Estudiar y dedicar el resto de mi vida a la profesión de enfermería me inspiro como nunca lo imagine, tanto en mi pensamiento y en cada una de las dimensiones de mi ser: emocional, espiritual, social y cultural. Creando en mi un universo de posibilidades para desarrollarme profesionalmente a plenitud y poder dar la mejor contribución al bienestar de las personas que recibieran mis cuidados y atención.

Era tan cerca de lo que yo siempre pensé hacer y soñé para ayudar y cuidar a otras personas enfermas, desde que la enfermedad de mi abuela Amansia no pudo salir de mi cabeza al escuchar tantas veces su historia. Donde como paciente de Tuberculosis Pulmonar su estado nunca mejoro muriendo un año después y dejando una gran ausencia, luto dolor en sus hijos pequeños, su madre y esposo.

Sé que este episodio en la vida de mi madre de quedar huérfana, la muerte de mi abuela en manos de la tuberculosis pulmonar y la muerte de mi hermanito que prácticamente nació enfermo me prepararon en mis adentros a dedicar mi vida al servicio de los demás. Pero de una forma directa poniendo mis mejores sentimientos, valores y condición humana en cada una de sus dimensiones y capacidades.

Mi decisión fue rápida y se la comuniqué a mi madre y abuelos quienes me felicitaron por escoger la carrera de enfermería y en la que entraría con muy buen índice sin afectar en nada el pequeño tropiezo que experimenté en el curso de medicina.

La vida es así, y los tropiezos nos hacen crecer además de darnos la oportunidad de ver otros horizontes desconocidos donde podemos encontrar nuestra verdadera esencia y satisfacción

personal que es lo que nos permitirá dar más a los demás y redundará en nuestra propia satisfacción personal.

Luego de completar mis estudios de enfermería con altas y bajas porque no fue fácil tanto académicamente como desde el punto económico y a pesar del apoyo de mi madre y mis abuelos pude graduarme de enfermera.

Fue la mayor satisfacción que di a mi madre y abuelos de lo cual hasta hoy se siente orgullosa.

En ese momento le aseguré cumplir una promesa que le hice cuando yo era una niña quizás de diez u once años al escuchar que repetía tanto el deseo de conocer Venecia y pasear en las Góndolas por el canal. Le dije cuando yo este grande y tenga dinero te llevaré a ese lugar a pasear, nunca yo tampoco lo olvidé.

Ella quizás con los años lo fue dejando a un lado, pero después de muchos años ya como profesional de la enfermería tuvimos la oportunidad de ir a Venecia y hacer el sueño de mi madre realidad y sentir yo misma la satisfacción de hacer algo así por el ser que más he amado en la vida.

Las bendiciones del señor son tantas que no solo pude llevar a mi madre a Italia a conocer su Venecia soñada si no también otros países.

Compre un paquete de vacaciones en la agencia de viajes, para que luego de la semana de mi Congreso de Enfermería en España, Barcelona visitáramos otros lugares en Europa y fue así como visitamos: Italia, Francia, Austria y Alemania.

No hay nada imposible cuando nos los proponemos, quizás cambien las rutas, los tiempos en realizarlos, pero tener claros nuestro objetivo nos llevara a ejecutar cada acción necesaria para llegar a la meta que nos espera gracias a nuestros sueños, inspiración, perseverancia, motivación, compromiso y fe.

Fue así como logré disfrutar muchas oportunidades y satisfacciones a nivel personal y profesional de las cuales me siento feliz y agradecida con Dios, por el amor y apoyo que recibí siempre de mis hermanos y luego de mis hijos. Quienes no se miden para demostrarme que valoran cada uno de los pasos que he dado en mi vida desde niña hasta el día de hoy.

Jubilada y retirada en el ejercicio institucional de mi profesión, pero con ese mismo espíritu de entrega y servicio a mi familia y a quien me necesite como ser humano y enfermera siempre dispuesta y actualizada.

Deseo con todo el amor que hay en mí para ustedes, hayan disfrutado de esta lectura. Que nació de mi memoria y se transformó en mi sueño, que como parte de mis raíces dio la esencia a mi inspiración desde mi infancia.

No importa en que circunstancia nos encontremos, siempre podemos lograr nuestros sueños y metas forjando fuertes lazos desde nuestro Ser Consciente y nuestro universo.

Muchas bendiciones de esta su servidora:

atte. AMANSIA CAMPOS JONES.

Que como el Ave fénix siempre resurgiré una y otra vez desde mi propia esencia y cenizas cuando llegue el momento.

GRACIAS

Las Memorias De Mis Sueños. Más Allá De Mis Raíces

Amansia Campos Jones – www.amansiac.com

OLA-OLA en mi LIBRO

Las Memorias De Mis Sueños: Más Allá De Mis Raíces.

Julio 2022

Made in the USA
Columbia, SC
08 January 2023